U0639369

全国"新标准"学前教育专业系列

幼儿园环境创设实训手册

主　编◎郑天竺　陈桂萍

华东师范大学出版社
·上海·

图书在版编目(CIP)数据

幼儿园环境创设实训手册/郑天竺，陈桂萍主编．—上海：华东师范大学出版社，2016
全国"新标准"学前教育专业系列
ISBN 978-7-5675-5939-4

Ⅰ.①幼… Ⅱ.①郑…②陈… Ⅲ.①幼儿园-环境设计-幼儿师范学校-教材 Ⅳ.①G617

中国版本图书馆CIP数据核字(2016)第294052号

幼儿园环境创设实训手册

主　　编　郑天竺　陈桂萍
项目编辑　蒋　将　袁子微
审读编辑　周雨馨
责任校对　王丽平
装帧设计　俞　越

出版发行　华东师范大学出版社
社　　址　上海市中山北路3663号　邮编200062
网　　址　www.ecnupress.com.cn
电　　话　021-60821666　行政传真021-62572105
客服电话　021-62865537　门市(邮购)电话021-62869887
地　　址　上海市中山北路3663号华东师范大学校内先锋路口
网　　店　http://hdsdcbs.tmall.com

印 刷 者　常熟市文化印刷有限公司
开　　本　787×1092　16开
印　　张　3.5
字　　数　45千字
版　　次　2017年1月第1版
印　　次　2021年6月第4次
书　　号　ISBN 978-7-5675-5939-4/G·9981
定　　价　10.00元

出 版 人　王　焰

(如发现本版图书有印订质量问题，请寄回本社客服中心调换或电话021-62865537联系)

前言

“幼儿园环境创设”是学前教育专业必修课程，也是一门应用性课程，十分强调综合性和实用性。作为将来的幼儿园教师，学前教育专业的学生不仅需要学习扎实的幼儿园环境创设基本理论和前沿理念，还需要训练并掌握幼儿园环境创设的技能技巧。为了深化学生对幼儿园环境创设的课程学习，笔者精心编撰与幼儿园环境创设教材配套的《幼儿园环境创设实训手册》，将幼儿教师的职业技能训练贯穿于整个实训手册的构思中，引导学生掌握幼儿园一线工作必备的环境创设基础知识和基本技能。以项目为驱动，引导学生有目的、有计划地进行实践训练，及时反思与总结，做到理论结合实际，在实训中逐步培养学生的幼儿园环境创设操作技能与分析能力。

在编撰过程中，笔者始终秉持我国著名教育家陈鹤琴先生“做中教、做中学”的教育理念，注重综合培养学生的理解能力、分析能力、操作能力和应用能力。本书包括五个模块：一、幼儿园环境创设的基本理论 ；二、幼儿园室内外环境的规划及创设；三、幼儿园主题教育活动的环境创设；四、幼儿园玩教具制作；五、幼儿园环境创设的拓展技能。每个模块分别涵盖知识点归纳、技能实操训练、优秀案例评析以及阶段学习小结等四个方面的训练，在引导学生夯实理论基础的同时，从做中学，从做中思，及时总结与提炼，促进学生对课程知识的内化和能力的提升。

本书的特色和价值在于：

1. 同步教材内容，实现“教学做”一体化

本书与课程教学内容配套，充分体现实训活动与课程教学同步，项目极具针对性和操作性，真正实现“教学做”一体化。

2. 以项目为驱动，创新课程教与学模式

本书中的五大模块完全对应配套教材的模块内容，每个模块都精心设计相应的实训项目，引导学生在完成任务的过程中，不断反思总结，运用所学理论解决问题，从而实现理论学习向实践能力的过渡。

3. 课程内容整合化，技能训练系统化

本书内容全面整合了幼儿园环境创设的相关理论知识点，并结合幼儿园一线工作中所需的幼儿园环境创设能力，提炼具有针对性的拓展技能训练项目，例如“说环境”项目，技能训练项目难度讲究循序渐进，持续激发学生技能学习与训练的积极性。

4. 实训方式灵活化，使用对象多样化

本书在配合教材使用的同时，也可灵活单独使用。既可供学前教育师资培训班的实训活动使用，也可供幼儿园教师资格证培训班实训使用，亦可作为幼儿园新教师专业能力提升的实训指导书。

本书在编撰过程中，有幸得到万力维副校长多次给予宝贵意见，庄小满、罗丽丹、邓虹婵、巫秋云、赖竹婧、欧阳娉婷等几位老师也多次提出修改意见，使书稿得以在不断修改中完成定稿，在此深表谢意！

由于编撰匆忙，本书如存在不足之处，恳请广大幼教同仁批评与指正。

作者

2016年1月

目录

第一模块　幼儿园环境创设的基本理论

第二模块　幼儿园室内外环境的规划及创设

第三模块　幼儿园主题教育活动的环境创设

第四模块　幼儿园玩教具制作

第五模块　幼儿园环境创设的拓展技能

【实训目标】

1. 理解和掌握“幼儿园环境创设” 的概念和基本理论
2. 能运用“幼儿园环境创设”相关理论,对所见幼儿园环境进行反思和评价
3. 理解和掌握“幼儿园精神环境” 的意义、原则与方法
4. 熟悉、理解幼儿园环境创设中家庭、社区资源的整合与利用
5. 明确学习目标,自主制订学习计划

项目一

幼儿园环境创设的基本理论(一)

实训目标	理解和掌握“幼儿园环境创设” 的概念和基本理论
实训要求	理解并梳理“幼儿园环境创设”的意义和目标,结合实例进行分析
幼儿园环境创设的意义	1. 知识点 2. 案例分析
幼儿园环境创设的目标	1. 知识点 2. 案例分析
学习困惑	

幼儿园环境创设的基本理论(二)

<table>
<tr><td>实训目标</td><td>能运用“幼儿园环境创设”相关理论,对所见幼儿园环境进行反思和评价</td></tr>
<tr><td>实训要求</td><td>1. 参观一所幼儿园,拍摄并记录幼儿园环境创设情况
2. 以 PPT 展示方式结合环境创设相关理论进行讲解与分析</td></tr>
<tr><td>实训地点</td><td>__________幼儿园　__________ 班级　时间:__________</td></tr>
<tr><td rowspan="2">幼儿园环境创设</td><td>物质环境创设情况:</td></tr>
<tr><td>精神环境创设情况:</td></tr>
<tr><td>评价反思</td><td></td></tr>
</table>

幼儿园环境创设的基本理论(三)

实训目标	理解和掌握“幼儿园环境创设”的理论基础
实训要求	梳理幼儿园环境教育的理论基础,提炼要点
蒙台梭利 教育的环境观	
瑞吉欧 教育的环境观	
陈鹤琴幼教 思想中的环境观	
人类发展生态学 理论中的环境观	
学习困惑	

幼儿园环境创设的基本理论(四)

实训目标	理解和掌握“幼儿园精神环境” 的意义、原则与方法
实训要求	收集一个与幼儿园精神环境创设相关的案例,运用“幼儿园精神环境创设”的相关理论进行分析
案例描述	
案例分析	1. 涉及的要点 2. 案例分析

幼儿园环境创设的基本理论(五)

实训目标	熟悉、理解幼儿园环境创设中家庭、社区资源的整合与利用
实训要求	收集一个家园共育或者幼儿园与社区资源整合的案例,运用相关理论进行分析
案例描述	
案例分析	1. 涉及的要点 2. 案例分析
学习困惑	

项目二

“幼儿园环境创设”课程自主学习计划

实训目标	明确学习目标,自主制订学习计划,激发学生学习积极性
实训要求	根据你对本课程的理解,制订一份本学期课程学习目标与计划
学习目标	
学习计划	(学习内容、学习方式)
预期效果	

项目三

优秀案例评析：幼儿园环境创设赏析

实训目标	能运用幼儿园环境创设的基本理论，评选出优秀案例并进行评析
实训要求	选择一个你认为最能体现幼儿园环境创设基本理念的幼儿园，以图片的方式呈现出来，进行分析并记录小组的交流和思考
案例图示	(可贴照片或画简易图)
评价分析	
交流思考	

项目四

实训阶段小结

知识点归纳	
技能训练情况	
问题与困惑	
下一阶段 学习计划	

【实训目标】

1. 理解并掌握幼儿园空间环境创设的基本要求、内容和要点
2. 能运用相关理论对幼儿园环境创设实例进行评析
3. 尝试根据实际情况，制订幼儿园室内外环境的创设方案
4. 能综合运用相关理论，规划并创设墙饰和区域环境

项目一

幼儿园空间环境的创设(一)

实训目标	1. 理解并掌握幼儿园空间环境创设的基本要求、内容和要点 2. 能对幼儿园环境创设实例进行评析
实训要求	收集并记录某一幼儿园的空间环境创设情况,以绘图或图片的方式呈现,结合所学理论进行评价分析
案例呈现	
设计图(或贴照片)	
评价分析	

幼儿园空间环境的创设(二)

实训目标	1. 理解并掌握幼儿园空间环境创设的基本要求、内容和要点 2. 尝试制订幼儿园空间环境创设方案
实训要求	结合所学理论,以绘图的方式设计科学合理的幼儿园空间环境平面图,并说明设计理念
设计平面图	
设计理念	

幼儿园空间环境的创设(三)

实训目标	1. 理解并掌握幼儿园班级室内环境创设的要点 2. 尝试制订幼儿园班级室内环境创设方案
实训要求	结合所学理论,自选年龄班,设计一个幼儿园班级室内环境平面图,并说明设计理念
设计平面图	
设计理念	

幼儿园空间环境的创设(四)

<table>
<tr><td>实训目标</td><td>能运用幼儿园班级室内环境创设的相关理论解决实际问题</td></tr>
<tr><td>实训要求</td><td>结合所学理论,针对案例图的实际情况,设计科学合理的布局平面图,并说明设计理念</td></tr>
<tr><td>案例图示</td><td></td></tr>
<tr><td colspan="2">设计平面图</td></tr>
<tr><td colspan="2"></td></tr>
<tr><td>设计理念</td><td></td></tr>
</table>

项目二

幼儿园主题墙的创设(一)

主题名称			年龄班	
主题目标 关键点	板块划分	对应领域	内容形式	谁来收集
设计理念				

幼儿园主题墙的创设(二)

<table>
<tr><td>实训目标</td><td colspan="3">掌握并能运用主题墙创设的教育理念和设计要点</td></tr>
<tr><td>实训要求</td><td colspan="3">1. 板块设计合理、逻辑清晰
2. 主题突出,材料丰富,可操作性强,贴近幼儿生活
3. 有利于引发、支持幼儿与周围环境之间的积极互动</td></tr>
<tr><td colspan="4">设计方案</td></tr>
<tr><td>主题名称</td><td></td><td>年龄班</td><td></td></tr>
<tr><td>板块划分</td><td colspan="3">主题墙名称:
板块名称:</td></tr>
<tr><td>呈现形式
(所使用的材料、表现方式)</td><td colspan="3"></td></tr>
<tr><td>设计步骤
(附设计图)</td><td colspan="3"></td></tr>
<tr><td>设计意图</td><td colspan="3"></td></tr>
</table>

项目三

家园联系专栏的创设

实训目标	掌握并能运用家园联系栏的设计要点		
实训要求	1. 符合班级活动要求,合理布局板块 2. 材料选择合理,富有创意 3. 符合家园联系专栏的设计要求		
名称		年龄班	
设计方案			
设计图(或贴照片)			
设计理念			

项目四

班级区域环境的规划(一)

实训目标	理解区域环境创设的原则和设计理念，掌握区域环境的规划和布置要点		
实训要求	1. 能根据活动室条件，因地制宜，符合区域规划要求 2. 能体现区域设置与主题活动的融合 3. 区域种类安排合理，动静结合，能促进幼儿身心全面发展		
班级		主题	

区域环境规划设计图：

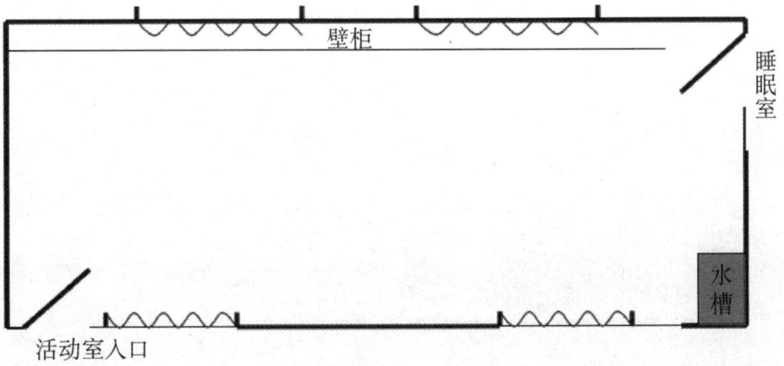

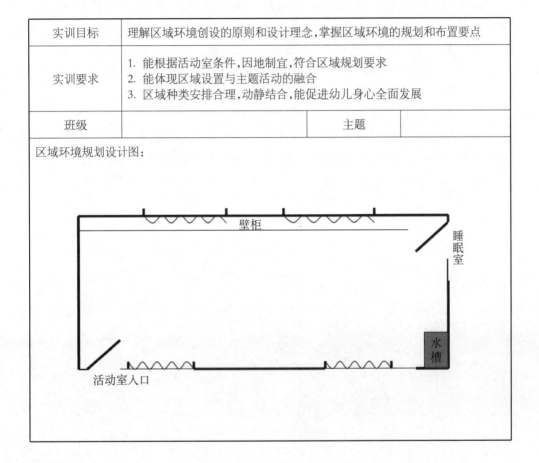

【拓展阅读】 活动区域间的区隔

一、开放式空间和区隔式空间

活动室的空间安排一般有两种，一种是开放式的，一种是区隔式的。这两种空间安排对幼儿的游戏行为有不同的意义。开放的空间便于进行团体规则性游戏、平行游戏和粗大动作的游戏，而区隔的空间则便于幼儿开展多种组群的合作性游戏，以及通过操作进行的探索性游戏；区隔的空间还会使幼儿游戏的空间密度和社会密度处在变化中，不同的密度对幼儿游戏行为各有利弊，所以怎样安排最有利于幼儿游戏的空间，并使幼儿通过游戏得到发展，这是值得每一个幼儿园教师思考的。

二、活动室的各种区隔方式

活动室各种不同的区隔方式同样与幼儿的游戏行为关系密切，游戏区的区隔是否灵活会影响到幼儿对不同的游戏需要的满足，对不同的游戏内容的改变，而要使区隔显得灵活，关键是区隔物的选择和利用。一般来说，区隔物必须轻便、灵活，易于变化，能为幼儿的游戏需要提供方便。在做区隔时应满足幼儿可以任意选择地方，可以任意将某一个空间区隔变大或缩小，可以随时收起来等的要求。这样，幼儿的游戏行为就显得非常主动。

此外，还可以用矮柜进行空间区隔，这种区隔的好处在于幼儿可以在柜上面操作，可以在柜子里放置需要的玩具，且柜子较矮不会阻挡幼儿的视线，使幼儿对整个活动室一目了然，便于对区域的选择和适当的流动。一般来说，用柜子进行区隔的空间相对固定，在一段时间后柜子本身也可以重新组合，进行区隔调整。

三、各种室内空间的利用

有些幼儿园一方面嫌空间太小，玩具不够，另一方面又有不少空间和材料闲置着，或者空间功能单一，使有用的空间和材料在许多时间里闲置着，没有充分激活环境与幼儿互动中各自的潜力。所以，当我们抱怨空间太小，幼儿游戏拥挤的时候，必须先想一想，还有哪些空间闲置着，这些闲置的空间可以为幼儿的游戏发挥怎样的作用？

班级区域环境的规划(二)

实训目标:

1. 熟悉并掌握常规区域的类型与规划要点
2. 能运用区域环境创设及材料投放的相关理论进行设计与布置

实训要求:

1. 符合活动区特点,能激发幼儿游戏的积极性和主动性
2. 体现材料的目标性、层次性和可操作性
3. 充分利用废旧物品,体现本土资源特色

角色游戏区环境的规划创设

年龄班		区域名称	
区域背景			
投放材料 （背面附设计图）			
区域规则			
评价反思			

建构游戏区环境的规划创设

年龄班		区域名称	
区域背景			
投放材料 （背面附设计图）			
区域规则			
评价反思			

美工活动区环境的规划创设

年龄班		区域名称	
区域背景			
投放材料 （背面附设计图）			
区域规则			
评价反思			

科学探索区环境的规划创设

年龄班		区域名称	
区域背景			
投放材料（背面附设计图）			
区域规则			
评价反思			

语言区环境的规划创设

年龄班		区域名称	
区域背景			
投放材料 （背面附设计图）			
区域规则			
评价反思			

益智区环境的规划创设

年龄班		区域名称	
区域背景			
投放材料 （背面附设计图）			
区域规则			
评价反思			

表演区环境的规划创设

年龄班		区域名称	
区域背景			
投放材料 (背面附设计图)			
区域规则			
评价反思			

【拓展阅读】　活动区域教师观察与指导要点

1. 幼儿的兴趣如何?(参与、模仿、表现、合作等)

2. 幼儿是否按提示要求进行活动? 创造性表现如何? 有否挑战欲望? 思维能力如何?

3. 该项运动的能力和经验积累如何? 重点方法的掌握存在什么问题? 提高了什么能力?

4. 运动强度、密度如何?

5. 幼儿遇到困难时的态度如何?(观望、逃避、自己想办法、求助或其他)

6. 能否与同伴友好、关爱、谦让或合作游戏?

7. 遵守活动规则的意识与竞赛欲望的情况。

8. 保育与安全问题,自我保护能力方面。

9. 预设活动是否根据需要及时调整?

10. 视场上实际情况,教师进行积极有效的间接或直接互动、引导、鼓励、积极评价、赞许、启发、材料暗示、同伴互动或分享经验等。

区域活动观察记录

<table>
<tr><td>班级</td><td></td><td>日期</td><td></td></tr>
<tr><td>观察内容</td><td colspan="3">实录</td></tr>
<tr><td>开设区域</td><td colspan="3"></td></tr>
<tr><td>游戏材料</td><td colspan="3"></td></tr>
<tr><td>区域的利用情况</td><td colspan="3"></td></tr>
<tr><td>活动常规</td><td colspan="3"></td></tr>
<tr><td>困惑与思考</td><td colspan="3"></td></tr>
</table>

班级环境观察分析

班级		日期	
观察内容	情况描述	评价与反思	
墙饰设计			
活动区域设计			
走廊、窗台设计			
家园联系栏设计			

项目五

优秀案例评析(一)：幼儿园户外环境创设

实训目标	能运用幼儿园空间环境创设的相关理论,评选出优秀案例并进行评析
实训要求	选择一个你认为最能体现幼儿园户外环境创设理念的案例,以图片的方式呈现出来,进行分析并记录小组的交流和思考
案例图示	(可贴照片或画简易图)
评价分析	
交流思考	

优秀案例评析(二):幼儿园主题墙创设

实训目标	能运用幼儿园室内环境创设的相关理论和墙饰设计要点,评选出优秀案例并进行评析
实训要求	选择一个你认为最能体现幼儿园主题墙设计理念的案例,以图片的方式呈现出来,进行分析并记录小组的交流和思考
案例图示	(可贴照片或画简易图)
评价分析	
交流思考	

优秀案例评析(三)：幼儿园区域环境创设

实训目标	能运用幼儿园区域环境创设的相关理论,评选出优秀案例并进行评析
实训要求	选择一个你认为最能体现幼儿园区域环境创设理念的案例,以图片的方式呈现出来,进行分析并记录小组的交流和思考
案例图示	(可贴照片或画简易图)
评价分析	
交流思考	

实训阶段小结

知识点归纳	
技能训练情况	
问题与困惑	
下一阶段 学习计划	

【实训目标】

1. 理解并掌握幼儿园主题教育活动环境创设的规划及基本理论
2. 能运用所学理论进行幼儿园主题教育活动环境创设的规划与布置

项目一

幼儿园主题教育活动环境创设的基本理论

实训目标	理解并掌握幼儿园主题教育活动环境创设的概念和基本理论
实训要求	理解并梳理幼儿园主题教育活动环境创设的重要知识点,结合实例进行分析
主题教育活动环境创设的要求与原则	1. 知识点 2. 案例分析
主题教育活动环境创设的规划与布置	3. 知识点 4. 案例分析
学习困惑	

幼儿园主题教育活动环境创设

<table>
<tr><td>实训目标</td><td colspan="3">能运用所学理论进行幼儿园主题教育活动环境创设的规划与布置</td></tr>
<tr><td>实训要求</td><td colspan="3">结合所学理论，自选年龄班，尝试根据某一主题进行主题环境的规划和创设</td></tr>
<tr><td colspan="4">设计方案</td></tr>
<tr><td>主题名称</td><td></td><td>年龄班</td><td></td></tr>
<tr><td>主题网络
（环境创设）</td><td colspan="3">主题墙：

活动区域：</td></tr>
<tr><td>呈现形式
（所使用的
材料、表现方式）</td><td colspan="3"></td></tr>
<tr><td>设计步骤
（附设计图）</td><td colspan="3"></td></tr>
<tr><td>设计意图</td><td colspan="3"></td></tr>
</table>

项目二

优秀案例评析：幼儿园主题教育活动环境创设

实训目标	能运用幼儿园主题教育活动环境创设的相关理论，评选出优秀案例并进行评析
实训要求	选择一个你认为最能体现幼儿园主题教育活动环境创设理念的案例，以图片的方式呈现出来，进行分析并记录小组交流和思考
案例图示	（可贴照片或画简易图）
评价分析	
交流思考	

实训阶段小结

知识点归纳	
技能训练情况	
问题与困惑	
下一阶段 学习计划	

【实训目标】

1. 理解并掌握幼儿园玩教具制作的基本要点
2. 能运用所学要点尝试进行幼儿园玩教具制作

项目一

幼儿园玩教具制作基本理论

实训目标	理解并掌握幼儿园玩教具的常见类型和制作要点
实训要求	理解并梳理相关知识点
幼儿园玩教具的常见类型	
制作要点	
学习困惑	

项目二

变废为宝(自制五大领域玩教具)

<table>
<tr><td>实训目标</td><td colspan="3">能运用所学要点尝试进行幼儿园玩教具制作</td></tr>
<tr><td>实训要求</td><td colspan="3">1. 符合幼儿的游戏特点,富有教育价值和创意
2. 安全、可操作性强,利于引发幼儿的游戏和探索活动
3. 能结合幼儿生活经验和当前的教育活动,充分利用日常生活中的废品</td></tr>
<tr><td>对应活动区域</td><td></td><td>年龄班</td><td></td></tr>
<tr><td>玩教具的
教育价值</td><td colspan="3"></td></tr>
<tr><td colspan="4">设计方案</td></tr>
<tr><td colspan="2">玩法设计</td><td colspan="2">设计简图(或贴照片)</td></tr>
<tr><td colspan="2"></td><td colspan="2"></td></tr>
<tr><td>评价反思</td><td colspan="3"></td></tr>
</table>

【实训目标】

1. 了解幼儿园环境创设的评价要素与内容
2. 掌握“说幼儿园环境”的基本技巧并尝试练习

项目一

幼儿园环境创设的评价

实训目标	理解和掌握幼儿园环境创设的评价要素与内容
实训要求	理解并梳理相关知识点
幼儿园环境创设的评价要素	
幼儿园环境创设的评价内容	
学习困惑	

项目二

说幼儿园环境

实训目标	理解和掌握“说幼儿园环境”的基本技巧和内容		
实训要求	能撰写完整的解说稿,并尝试说环境		
主题		年龄班	
环境创设 设计意图			
环境创设 特色亮点			
环境创设 存在问题			
学习困惑			
交流评价			

学习总结

知识点 掌握情况	
技能 训练情况	
反思与困惑	
今后的 学习计划	

附：幼儿园环境创设评价考核表

<table>
<tr><td>实训班级</td><td></td><td rowspan="2">幼儿园
环境创设
评价内容</td><td colspan="5" rowspan="2">创设项目：</td></tr>
<tr><td>被评价组</td><td></td></tr>
<tr><td>评价组</td><td></td><td>项目成绩</td><td></td><td>评价成绩</td><td></td><td>总评成绩</td><td></td></tr>
<tr><td>活动班级</td><td></td><td>主题名称</td><td colspan="5"></td></tr>
<tr><td colspan="3" rowspan="2">主　要　评　价　内　容
(运用课程所学知识,写出评价标准)</td><td colspan="5">环境创设评价等级</td></tr>
<tr><td>项目设计</td><td>好</td><td>较好</td><td>一般</td><td>不好</td></tr>
<tr><td colspan="3"></td><td rowspan="3">设计理念</td><td></td><td></td><td></td><td></td></tr>
<tr><td colspan="3"></td><td></td><td></td><td></td><td></td></tr>
<tr><td colspan="3"></td><td></td><td></td><td></td><td></td></tr>
<tr><td colspan="3"></td><td rowspan="3">表现形式</td><td></td><td></td><td></td><td></td></tr>
<tr><td colspan="3"></td><td></td><td></td><td></td><td></td></tr>
<tr><td colspan="3"></td><td></td><td></td><td></td><td></td></tr>
<tr><td colspan="3"></td><td rowspan="4">板块内容</td><td></td><td></td><td></td><td></td></tr>
<tr><td colspan="3"></td><td></td><td></td><td></td><td></td></tr>
<tr><td colspan="3"></td><td></td><td></td><td></td><td></td></tr>
<tr><td colspan="3"></td><td></td><td></td><td></td><td></td></tr>
<tr><td colspan="3"></td><td rowspan="5">整体效果</td><td></td><td></td><td></td><td></td></tr>
<tr><td colspan="3"></td><td></td><td></td><td></td><td></td></tr>
<tr><td colspan="3"></td><td></td><td></td><td></td><td></td></tr>
<tr><td colspan="3"></td><td></td><td></td><td></td><td></td></tr>
<tr><td colspan="3"></td><td></td><td></td><td></td><td></td></tr>
</table>

图书在版编目（CIP）数据

前厅运营与管理 / 许彦主编 .—上海：华东师范
大学出版社，2013.7
ISBN 978-7-5675-1019-7

Ⅰ.①前…　Ⅱ.①许…　Ⅲ.①饭店—运营管理—中等
专业学校—教材　Ⅳ.①F719.2

中国版本图书馆 CIP 数据核字 (2013) 第 167194 号

前厅运营与管理

职业教育旅游服务类教学用书

主　　编　许　彦
责任编辑　李　琴
审读编辑　沈吟吟
装帧设计　徐颖超

出版发行　华东师范大学出版社
社　　址　上海市中山北路3663号　邮编 200062
网　　址　www.ecnupress.com.cn
电　　话　021－60821666　行政传真 021-62572105
客服电话　021－62865537　门市（邮购）电话 021-62869887
地　　址　上海市中山北路3663号华东师范大学校内先锋路口
网　　店　http：//hdsdcbs.tmall.com/

印 刷 者　宜兴市德胜印刷有限公司
开　　本　787×1092　16 开
印　　张　10.5
字　　数　240 千字
版　　次　2013 年 8 月第 1 版
印　　次　2022 年 1 月第 7 次
书　　号　ISBN 978－7－5675－1019－7/G・6713
定　　价　26.00 元

出 版 人　王　焰

（如发现本版图书有印订质量问题，请寄回本社客服中心调换或电话 021—62865537 联系）